하얀 숲

문희순 시집

오늘의문학사

서문

주님 안에서 올리는 기도

최 병 선
한사랑감리교회 담임목사

네 번째 시집 '하얀 숲'의 발간을 축하합니다. 「시는 사상을 장미의 향기처럼 직접 느끼게 하는 것」이라고 T.S. 엘리엇은 말했습니다. 시에 대하여 잘은 모르지만 문희순 집사의 시들에선 '장미의 향'이 스며 나옴을 느낍니다. 장미는 2만여 종이 넘는다고 합니다. 그러나 그 뿌리는 오직 하나, 찔레라 하지 않습니까?

또한 시란 힘찬 감정의 발로이며 고요로움 속에서 회상되는 정서에 그 바탕을 둔다고 워즈워스가 말했습니다. 문희순 집사의 시는 씨앗이 흙에 뿌려지고 싹이 트고 줄기가 자라 잎이 나고 꽃이 피고 열매를 맺는 일련의 과정처럼 시작詩作도 그러한 과정을 거쳐 숙성된 것들이어서 더욱 좋습니다.

우리는 항상 말하고, 느끼고, 겪는 일상을 소재로 시를 쓰고 있습니다. 그래서 서정시는 자아와 세계와의 동일성을 추구한다고 하는 것인가 봅니다. 서정시는 자아와 세계와의 만남에서 시작된다고도 하는 것인가 봅니다.

그런 의미에서 먼저 잘했다고 등을 두드려주고 싶습니다. 벌써 네 번째 시집이라니 힘든 여건에서도 굴하지 않고 노력하는 열정에 박수를 보냅니다.

주님과 깊은 사랑에 빠져 있는 문희순 집사, 고된 인생길을 걸어가다 감당할 수 없는 어려운 상황을 만나서도 오직 하나님만을 의지하며 순종하는 신앙의 여정을 보여줘 기쁩니다.

우리 한사랑 교회와의 인연은 하얀 겨울을 다섯 번 보내고 여섯 번째를 기다리고 있는 것 같습니다. 이사동에서 괴정동까지 한 주일도 거르지 않고 부지런히 걸어와 앞자리에 들꽃처럼 앉아 기도하는 모습이 너무나 감동적입니다. 아픈 서정을 작품으로 빚어 현실을 반영할 정도로 외롭고 힘든 성장통成長痛을 앓으면서도 누구나 쉽게 쓸 수 없는 서정시를 감칠맛 나게 썼다는 점에서 높이 평가합니다.

눈물로 삭이고 아픔으로 갈무리 지어 단단히 동여매 놓은 문희순 집사가 즐겨 사용하는 시어들에서는 사물에 대한 달관적인 자세가 형성되고 나아가 작은 것에까지 관심을 집중하기에 이르러 독자들의 시선을 한 몸에 받을 것 같습니다.

세상과 당당히 맞서며 가정이라는 울타리를 굳건히 지켜가는 여전사, 착하고 효도하는 예쁜 딸들이 손자 손녀와 함께 일궈내는 행복한 가정을 옆에서 지켜보면서 나도 모르게 눈시울을 적십니다.

네 번째 시집 '하얀 숲'의 발간을 다시 한 번 축하하며 항상 주님 안에서 평화로운 나날 이루시길 빌겠습니다.

차례

차례

제1부

마침표를 위하여

침묵 그리고 고요

두 팔 벌리고
죽은 듯
누워있으면
방바닥이 껌처럼 달라붙는다

고요는
혼미한 듯
소금으로 덮고

오장육부
빠져나간 듯
빨래 조각처럼 가볍다

거짓말처럼
숨소리
어둠이 삼켜버렸다

마침표를 위하여

지친 발걸음 툭툭 털며
보이지 않는 무지개 잡으려
깨금발로 서성이던 세월

내일이면 이순 고개
내 안에 일렁이는 그리움
다독이는 마음

'할머니'
눈 속에 담고픈 아기들
사랑의 샘물 마를 날 없이
들키고 싶지 않은 행복
고이고 또 고이고

기도가 하늘 문 여는 날
울퉁불퉁한 세월의 굴레
엄살도 없이
황혼의 미소 앞에
사랑을 걸어놓는다.

개나리의 가르침

담벼락 틈 사이
벽화처럼
흐드러진 작은 꽃잎들

얼음장 밑을 기어온
침묵의 강한 외침

다가가
부드러운
꽃침 맞아도 좋다.

가을 빗속에

우산 속에서
두서없는 말들이
허공을 맴돈다

가을비가
꼬깃꼬깃 접는
아쉬운 여운의 그림자

가슴 속 감춰뒀던
그리움은
이슬 고인 눈망울 헤집으며
빗속으로 파고든다.

한밤의 자유

온종일 피곤했던 몸
꾹 접어놨던
날개를 편다

살아있는 것들이
잠들고
어둠이 주는 아늑함

샤워 하고
아무도 모르게
바람을 유혹한다

유혹에 넘어간
바람 팔베개 해주며
알몸을 눕힌다.

하얀 달님이 엿볼까봐
먹물 같은 어둠은
커튼이 되어 내린다.

천둥 치고 비가 오는 날은

참 오랫동안 잊고 있었구나
가슴에 담아 두었던
화사한 웃음
맑은 목소리

혼자 앉은 섬
천둥이 울고 있는데
비는 물끄러미
달래줄 마음이 없나보구나

여기저기
부서진 마음이
헝클어진 시간을
꾹꾹 눌러 접고 살았구나

밤새
외로움 안고
아픔 묻어 놓은 그리움은
소리 없이
비 내리는 새벽으로 가고 있구나

빨래를 헹구며

거품이 가신 맑은 물
단풍 한 잎 띄운다

수줍은 듯 웃고 있는 가을
말 못할 사랑 하나
아픔 견딜 만큼 달아오른다

몰래 숨겨 두고픈 가을
착한 미련 남기며
조급한 마음 버린다

빨래 헹군 맑은 물
단풍 한 잎 줍는다.

사랑하는 우영아, 아름아 보거라

우영이는 모르지 조곤조곤 말하는 소리가 차분하면서 얼마나 감미로운지 '네 어머니' 나지막이 부르는 우영이의 목소리는 듣고 또 들어도 좋을 것만 같더구나. 우영이 목소리에는 진실이 담겨 있고, 넓은 어깨를 가진 맑은 눈빛을 보니 가슴이 따뜻한 경상도 청년이라는 생각이 들더구나. '우영아' 이렇게 부르기만 해도 그냥 좋은데 곁에 있다 생각하니 천군만마를 얻은 듯 아무런 두려움이 없구나. 어찌 이런 아름다운 인연으로 우리에게 와서 예쁘고 착한 아름이 손을 꼭 잡았는지 믿음직스럽고 기쁘기만 하구나. 우영아, 아름아 너희들 사랑은 다른 사람들보다 특별한 사랑이라 생각한다. 대구와 대전을 오가며 낮에는 해바라기로 밤에는 달맞이꽃으로 서로를 그리워하고 아끼는 마음이 깊어져 용광로처럼 끓어오르는 뜨거운 사랑이라 말하고 싶구나. 과일을 좋아해서 피부가 우윳빛 같은 순둥이 우영아, 착하기 만 한 아름공주를 잘 부탁한다. 어린아이 때부터 속이 깊었던 효녀 아름이, 엄마의 심장이라 생각하며 살아왔는데…. 감사하고 고맙구나. 엄마가 꼭 부르고 싶은 '아가, 아가, 우리 착한 아가' 이렇게 기쁘고 좋은 날, 저토록 고운 햇살이 너희들의 하늘에 걸려있구나 비바람 이겨내는 뿌리 깊은 나무로, 모두가 부러워하는 귀한 사랑 만들어야 한다. 그리고 행복하거라 축복이 넘치는 새 출발, 첫걸음에 사랑하는 사람들 모두 마음을 모아 힘찬 박수를 보낸다.

* 2010년 10월 30일 결혼하는 아름, 우영이에게

눈 먼 사랑

세월은
냉기에 젖은 채
시간을 끌고

눈 감고
귀 막고
송두리째 쏟아 부어
빈껍데기만 남아도 좋을

끝내
제풀에
홀로 움츠려드는
눈 먼 사랑

고드름

도시 한 복판
자동차들 미끄러지고
아파트 처마에 고드름이 주렁주렁
겨울 햇살
나신을 맡기면
찬바람이 헐렁한 가슴으로 파고든다
옛이야기
마음에 꽃을 피우며
초등학교 담벼락 양지쪽
머슴애들 고드름
으드득 으드득 깨문다
작은 얼음덩어리
계집아이 목덜미 속으로
심술부리던 아이들 웃음소리 달려온다.

제2부

맨발로 걷는 옛길

덕진 공원

취향정 옆에
늙은 고목나무
백년을 지켜온
믿음이 단단하다

그 앞에
중년 여인이 섰다
사랑과 용기로
지나온 발자국
차가운 호수에
오리들이 봄을 그리며
자맥질한다

억새의 풀어진
허연 머리가
호수에 몸을 던진다.

천리포 수목원

"어서 오세요."
상큼한 모습으로 수선화 인사합니다

"고맙습니다."
아름다운 수목원에 초대 해주심을

매화꽃이 수줍은 듯 배시시 웃고
은은한 허브향이 안내를 합니다

부끄러운 듯 스치는 는개
입 다문 자목련
큰 연못 지나 돌아서보면
천리포 앞바다의 우렁찬 포효
'칼 밀러' 그대는 이곳에 반하여
한국을 조국처럼 사랑했습니다

무궁화, 호랑가시나무 으뜸으로
식물사랑에 열정을 바친 한국인 '민병길'
나무마다 꽃마다 이름표 달고
단정한 모습으로 그대를 기립니다

'세계의 아름다운 수목원인증'
국제적으로 인정받기까지
25세 혈기왕성한 청년의 지독한 집념
그대가 아낌없이 바친 청춘
대한민국 국기가 보답합니다

내 나라 내 땅에서 태어난 우리들
위대한 가르침에 고개를 숙입니다.

* 2010년 4월 10일 대전문협 문학기행

눈먼 아프간 소녀

비극의 땅
눈동자가 없는 아이
폭력과 전쟁
죽음의 공포와 싸우며
총알받이로 버려지는 영혼들

미술관
한 작품 앞에서
시선이 멈췄다

눈을 감아도
그려지는 검은 전쟁
불에 탄 흔적
여림 뒤에
알 수 없는 힘이 보인다

미술관 밖은
평화의 맑은 봄바람이 인다
부프카* 걸친 아이가
표정 없이

내 뒤를 따라온다.

* 부프카 : 아프간 여자 옷.

새들의 노래

— 보문산

눈 내리는 3월이다
숲속의 새들은 절망을 내던지고
가녀린 깃에 희망을 쓸어 담는다

계곡의 맑은 물
맑은 음색으로 기지개 켜며
싱그러운 마음 안고 봄 마중 한다

침묵과 겸손
수묵담채 그려 놓은 산
마음의 때를 지우니 푸르름이 가득하다

물기 머문 하늘
두 팔 벌려
포근한 여유로움에 입맞춤 한다

꿈이 담겨 있다는
보물이 가득 담겨 있다는 보물산

오늘도
새들은 시루봉 정상에 올라
보문산 찬가 부르고 있다.

그녀는 작은 거인

햇살 아래 작은 나무처럼
응접실 같은 그녀
정情으로 살자고
새처럼 고운 노래 부른다

먹구름 덮인 힘든 고개
넘고 넘을 때마다
침묵의 강 깊었다

한 줄기 빛으로
달려온 세월
축복의 열매가 주렁주렁
웃음이 기쁨이 행복이 넘친다

대둔산 자락
계곡에 별이 내리고 달님이 속삭이는
동화 속 요정들이 사는 집

한 여자를 위해
한 남자를 위해

눈빛만 보아도 좋아라

기우는 해거름
봉송 해주는 훈훈한 정
구들장처럼
은은한 온기로 마음을 데운다.

고향에서 머무는 바람

잎새 사이로 쏟아지듯이 비치는
햇살의 아름다움
고향에서는
고달픈 몸을 누일 수 있다

겁이 많은 큰 눈망울
누런 암소들
음매음매 합창소리
대나무 숲으로
숨어버리는 해에게
쉬어가라 손짓한다

우리의 콩
구수한 된장찌개
시래기와 두부 어우러져
바글바글 끓어오르고
싱싱한 푸성귀 신토불이 나물
입맛을 당기며
훈훈한 정情 넘치고 있다

폐교를 눈앞에 둔
초등학교 운동장
철봉대 그네 시소
꿈과 추억을 만들어 준 플라타너스
안타까운 마음
아이들 웃음소리 주워 담고 있다

가을산책

— 이사동

추수 끝난
논둑 길 바라보면
가을이 성큼성큼 걸어가요

이슬로 배를 채운
시퍼런 배추들이 하늘 가득 웃고
실하고 미끈한 무들이
트럭에 가득 쌓여지면
즐겁게 휘파람 부는 농부의 마음

우리의 향기 배어 있는
고풍스러운 기와
황토 찜질방
가족들의 함박웃음
바짝 마른 장작이
불꽃을 피우며
삶의 찌꺼기를 토해내요

들길을 조금 더 오르면
새들도 조용히

낮은 곳에 임하시는 나자렛집
햇살 한 움큼으로
사랑이 자라 나누어지고 있어요

좁은 신작로길
수줍은 듯 바라보는 구절초
슬그머니 빈 가슴으로 내려앉네요
넉넉한 사랑으로
차가운 가을 포근히 안으라 하네요

저만치 겨울이 묻어오는
솔잎향기 그윽한
소박하고 정겨운 마을
정을 나누며 사랑을 나누며
그렇게 살아요.

봄

맨몸으로 몸살 앓다가
봇물 터지는 그리움
나비처럼 하얗다

그대 그림자 안고
가슴앓이 가실 날 없어
하늘에 구름이 된다.

봄을 기다리는 편지

겨우내
어둠이 우리들을 덮고
빛을 보여주질 않아

수많은
아픈 사연들
힘든 시간이 길어

매서운 추위에 얼어버린
구제역
달빛도 울고 별빛도 울어

눈 뜨면
하늘 높이 달리는 물가
우린 잡지도 못하고 손 놓고 있어

서럽게 우는 얼굴들이 밤을 지새우는데
이 어려움이 산이라면
봄이 오기 전에
따뜻한 마음들이 햇빛처럼 웃었으면 해

연아 왈츠

한 마리 학이었지
세계는 너의 동작 하나 하나
숨소리조차 죽이고 마법에 걸린 듯

피겨 요정에서 피겨 여제로
세계인의 심장을 멈추게 한
자랑스러운 대한의 딸, 연아

이미 일곱 살에 세상을 보았지
연습이 반복되는 과정
얼마나 많은 고통의 눈물을 삼켰을까
가슴 조이며 바라보는 엄마의 마음

작은 나라
작은 연아 긍정의 힘은
세계 은반 피겨 여제를 탄생시켰지.

*2010. 2. 26 캐나다 동계올림픽에서〔금메달〕
대한민국 애국가 울려 퍼지던 날

용서

지금은 그냥
아무 말 하지 말고
마음을 다스려 보자
미움이 가시면
마음을 열고
작은 소리로 이야기 해보자
서로가 서로에게 부재중이면
한동안은 편할 것 같아도
휑한 슬픔이 밀려오면 쓸쓸해질 거야
원망도 잠시 그리워질 거야
우리 그림자처럼
서로 위로하며 사랑하며
그렇게 살자.

제3부

파란 마음 하늘을 날다

귀남 할머니

귀남 할머니는 죽어 가고 있다. 도심 속 반지하 단칸방에서 가쁜 숨을 몰아쉬며 깨진 유리창 사이 한 줌 햇살에 생명줄을 맡기고 있다. 눈물은 이미 말라버린 지 오래다. 온기 하나 없는 냉방에서 지낸 지도 수개월 되었다. 빨랫줄에 매달린 낡은 옷들이 힘없이 할머니를 바라본다. 아홉 남매의 얼굴들이 할머니 가슴을 뚫고 지나간다. 사회에서 인정받는 인물들로 만들었고 손자 손녀 키우느라 방바닥에 엉덩이를 붙일 날 없이 살았다. 그런데 뼈에 가죽만 남으니 아홉 남매가 하나같이 대형아파트에 살면서 방이 모자란다고 한다. 옷방, 손님방은 있어도 할머니 방은 없다고 한다. 귀남 할머니는 오늘도 교회에서 일주일에 한 번씩 방문하는 천사들을 애타게 기다리며 외눈박이 사랑을 하고 있다.

가마실 어머니

천마산 가마실
하얀 마음 걸어둔 채 저녁 놀 이불 삼아
소풍 끝내신 친구 어머니

호미자루 친구 삼아 살아온 세월
뿌려놓은 식솔들 걱정에
머리엔 온통 서리 내리고

천군만마 같은 자식들의 지극정성
깊이깊이 땅과 교우하며 살아온 세월

많은 열매 달았지만
땡감 떨궈내는 아픔을 안고
고달프고 험한 인생길
가슴 도려내며 넉 줄뿐인 통장 잔고
남기신 친구 어머니

모아 두었던 몇 푼 쌈짓돈
착한 며느리 손
감싸 쥐시며

악착같이 살아야 한다고 당부하셨네

방년의 나이
남편 얼굴도 모르고
산을 넘고 내를 건너
새 터전 삼은 가마실에서
한 백년 긴 세월
영광된 최후를 그렇게 마치셨다네

* 친구 어머니

봄바다

— 친구

하늘과 바다 사이
매화꽃이 흩어진다

전라선 기차를 타고
바다가 보이는 역사에서 마음을 내렸다

40년이 훌쩍 넘어버린
세월의 묵은 인내가 키워온 고요한 사랑

수평선 위에
오해와 갈등과 용서를 걸어놓고
진실한 용기만이 바다에 자유로이 떠 있다

모래 위에
가슴으로 남는 친구를 새기며
조심스럽게 걷는다.

파란마음 하늘을 날다

하얗게 웃는 얼굴 좀 봐
고운 치아 나란히 소풍 나왔네
그렇게 좋아
입 다물 새도 없어
감사와 사랑이 넘치는 날
세상을 다 가져도 좋아
우주를 다 가져도 좋아
이 넓은 땅에 꿈나무 뿌리는
흔들리지 않아
새싹이 움트는 듯 소망이 자라고 있어
마음껏 날아봐
어깨를 펴고 크게 소리질러봐
꽃향기 가득한
파란 하늘
펄쩍 뛰며 오월의 하늘을 날아봐

* 오월 어린이날에

새벽에

마루에 누워 쌜쭉해진 널 보며
잠결에 깜짝 놀랐어
많이 심심했나봐
그래 같이 있으면 덜 외로울 거야
고마워
토막잠으로 지친 내게 와줘서
낮에는
어두운 곳까지 밝히는 강한 빛으로
힘들어 지칠만도 하지
실은 나도 친구가 필요했거든
함께 별을 바라보고
풀벌레 소리 들으며
도란도란 이야기꽃 피우고 싶었거든
내일도 살짝 올 수 있는 거지

계수나무는 토끼를 기다리고 있다

계수나무 그늘 아래
어디선가 떡 찧는 소리가 아련히 들리는 듯
유년시절 필통 속에
몽당연필 본 것 같은 정겨운 마음
해님이 산등성으로 숨을 때까지
아이들의 고무줄놀이는 그칠 줄 모르고
밤늦도록 공부한다고 큰소리치며
연필이란 연필은 죄다 깎고 괜히 책상서랍 정리만 하다
쏟아지는 졸음에 꾸벅 꾸벅
옷자락을 붙잡고 놓아주지 않는
희미한 추억의 보석상자 닫힐 줄 모른다.

달님에게 들키다

누군가를 기쁘게 하면 왜 기분이 좋을까

누군가에게 정성을 다하면 왜 마음이 편안할까

존경하는 마음이 깊으면 왜 가슴이 두근거릴까

행복한 모습을 보면 덩달아 흥이 나는 건 왜일까

창가에 머물다 돌아가는 별님이 알까 달님이 알까

전주비빔밥

그곳에 가면
꼭 맛을 봐야 한다고요

고가구에 찌든 향수
놋쇠그릇에 정성이 가득

달큰한
고추장 양념

육회, 나물 살살 비벼주면
참기름 향기 솔솔
대장금의 깊은 맛
으뜸이라 자랑할 만하네요.

안섬 포구

— 겨울바다

어느 영화에서 본 것 같은 포구

칼바람에 몸을 맡긴 여인들
두 번 다시 이별은 없을 거라
환희의 눈물
눈꽃처럼 하얀 마음
볼이 시리게 눈송이 날리면
둘은 하나가 되어
작은 행복의 꽃을
여자가 뛰어가면 남자도 따라 뛰어가고
모래밭에 넘어지며
달콤한 입맞춤
여인들은
두 팔 벌리고 누워 하늘을 본다.
영화는 END

하얀 꽃을 보시처럼 손으로 받는다
겨울바다는 사랑이 넘치고 있다.

이 가을이 내겐

들꽃 따라 가면
누군가 기다려 줄 것 같은
마음 한 조각

눅눅히 젖은 목소리
어디로 가야 할지 망설이다
허공에 흩어진다

이 가을
한없이 작아지는 한 잎 낙엽
조용한 바람으로 투명한 행복이고 싶다

아가의 뽀얀 볼처럼
가을이 새벽하늘 가득
코끝이 알싸하다.

빨간 우체통

긴 장마에
우체통이 흠씬 물을 먹고
지붕 한쪽 귀퉁이 덜렁 덜렁
간신이 버티고 있네

마음이 울적한 날에
가만히
바라만 보아도 기대가 되고
마음의 꽃을 피웠는데

작은 몸통 속에
색깔 고운 언어들
꿈을 주고
행복을 주려고
정성껏 담고 웃고 있는데

너를 보듬고
고쳐볼 생각 없이
새것으로 바꾸려 했으니
놀라고 얼마나 서운했을까

철없는 나
기쁜 마음 받을 줄만 알았지
물기에 젖은
너에게 진정 해준 것이 없구나.

슬픈 노래

하늘도 울었다

도대체 무엇 때문에
인간이기를 포기한 걸까
상상도 할 수 없는 끔찍한 만행
피어보지도 못한 어린아이
처참하게 망가져 불구로 만들어 놓다니
오 하늘이시여
법 앞에 서기 전에
시퍼런 칼날이 내려치게 하옵소서
다시는 사람들을 볼 수 없도록

몸도 마음도 무너진 아이
상처에 상처가 살을 헤집고 마음을 헤집고
아이의 길 험하기만 한데
파란 하늘 보며 밝은 햇살 보며
푸른 꿈을 키울 수 있도록
아이를 위해
엄마의 마음으로 정성을 다해 기도한다.

*ㅇㅇ이 사건을 보며

제4부

사랑은 기차를 타고

사랑은 기차를 타고

— 대전역

어디론가 떠나기에 설렘이 있고 알 수 없는 쓸쓸함이 고개 드는 대전역 사랑과 낭만의 통로, 조금은 느리지만 정겹게 다가오는 무궁화, 새마을호 푸근한 사람 냄새가 나서 좋다. 36년 전에도 무궁화 새마을호를 자주 이용했다. 좌석표가 매진 되면 입석 식당 칸에서 여유를 부리며 내려오곤 했다. 서울에서 직장생활을 했기 때문에 토요일 저녁에 와서 월요일 새벽기차를 타고 다녔다. 내려올 때는 가족들과 사랑하는 사람을 만나는 두근거림으로 발걸음도 가볍고 날아갈 것같이 기쁨이 가득한데 올라갈 때에는 헤어진다는 섭섭함에 마음은 천근만근이다. 더욱이 사랑하는 임과 또 잠시 떨어져 지내야 하는 아픔이 싫었다. 레일에 하얀 눈이 내리면 프렛트홈에서 김이 모락모락 피어오르는 두툼한 가락국수를 먹으며 국물보다 더 뜨거운 사랑도 마신다. 달리는 차창에 비친 임의 젊은 날의 모습이 어느 해부터인가 멈춰버렸다. 오늘도 그리움이 밀려오면 내 마음은 어느새 하늘을 바라보며 못다 한 사랑의 노래를 부르고 있다.

생일

이슬 젖은
들꽃처럼 피어 앉아
새벽 종소리 들으며
기도하는
어머니

‘애야 생일인데 내가 밥 살게’

눈물이 말하는 꽃
어머니 얼굴이다.

이랬으면 좋겠다

주름 없는 고운 얼굴
이 모습 이대로

틀니 아프지 않고
꼭꼭 씹어 들면

밤새 숨이 멈춘 듯
코 골더라도
무병장수 하면

어머니 휘어진 두 다리
우두둑 펼쳐졌으면 좋겠다.

어머니

얼굴 손 검버섯
레이저로 지우고
거울 앞에서 환한 미소
혼자 몸
움츠리는 겨울나무 되기 싫어
곱게 꽃 피우는데

비바람, 천둥을 만난 세상에서
독백으로 외로움 삼키며
당당하게
산수傘壽의 길
편안과 동행하며
망백望百의 강을 품으소서.

그리움의 별

당신 오는 길
불 밝히던 날

당신은 어느 하늘에서
눈물꽃으로
그리움의 별이 되었나요

기도하는
어깨 포근히 감싸며
다독이는 당신의 향기
이 밤
곱디고운 원앙이 되어
허약해진 마음 채워주어요

오늘은
당신이 떠나던 날입니다

사랑해서 울고 싶어

고맙다 딸들아
엄마 너무 행복해
그냥 소리 내어 울면 안 될까

세수대아 맑은 물
찔레꽃 몇 송이 둥둥 떠있고요
봄은 고요히 누군가 기다려요

조심스럽게 멋쩍은 듯
세수대야에 두 발을 담그니
아이들 열 손가락이
꼼지락 꼼지락
오른발은 큰아이
왼발은 작은아이
정성껏 발바닥 지압을 해주며
'엄마 잘 할게요'
바라보는
젖은 눈빛 반짝이고 있어요.

*오월 어버이날에

화장을 하는 그녀는 행복하다

새벽잠이 없다
그녀는 유심히 거울을 본다
세월의 비바람을 견디어 낸 얼굴이다
약속은 없어도 정성들여 곱게 분칠한다
연한 핑크 립스틱 바르면 작품은 완성이다
거울 앞에서 이리 보고 저리 보고 흡족하다
세월이 옆문으로 와서 두드려도 답이 없다
머물다 가는 시간 앞에 나이 잃어버린 지 오래다
팔순을 훌쩍 넘긴 그녀
화사하게 화장할 때가 행복하다.

순둥이들의 첫걸음

그리운 마음들이 하얗게 쌓이던 날
넓은 어깨 맑은 눈빛
조곤조곤한 목소리
가슴이 따뜻한 경상도 총각을 만났습니다.

떨리지만
한 걸음 한 걸음 조심스럽게
믿음직스러운 우영이는
예쁘고 착한 아름이의 손을 꼭 잡았습니다

대구와 대전
낮에는 해바라기
밤에는 달맞이꽃으로
서로를 그리워하고 아끼는 마음은 깊어져
사랑은 용광로처럼 끓어올랐습니다

좋아하는 사람은 3보 전진
사랑하는 사람은 7보 전진
좋아하는 사람은 연둣빛 꽃송이
사랑하는 사람은 진보라빛 꽃송이

두 사람의 만남은 내면의 만남
존경과 신뢰가 이루어진 내면의 만남

언제까지나 변함없이
구름과 햇빛이 되어
무지개사랑 만들어 가자고
우영이와 아름이는 다짐했습니다

성스러운 혼례를 올리는 궁전
하늘의 천사들이 축복의 노래를 부르고
마주 서서 보기만 하여도
설레임으로 반짝이는 눈동자 속에 우영이와 아름이가 있습니다

보이는 것으로 만났지만
보이지 않는 아름다움으로 결합하는
멋진 만남의 우영이와 아름이의 삶은 사랑이 좌우합니다

이렇게 좋은 날
이렇게 기쁜 날

행복이 충만한 가슴으로
순둥이들의 어설픈 첫걸음은 힘차게 시작됩니다.

* 2010. 10.30 우영이 아름이 대구에서 결혼하다.

인절미

말랑말랑 쫀득쫀득
속이 든든하다고 좋아하신다

오늘도 준비했는데
고개 살짝 돌려 틀니 빼고 드신다

매화보다 더 아름다우셨던 어머니
어느 세월의 언덕에서
핏빛노을은 무너진다

내 마음 눈치 챘는지
가을비 가슴으로 내린다.

제5부

빈껍데기

코 자요

혹부리영감 안경영감
거미가 줄을 타고 놀던 그림책
하품하며 스르르
벼리를 업고 피아노 치던
아기도 침을 흘리며 잠이 들어요
구름이불 덮고 삐죽 고개 내민
별들도 깜빡 깜빡 졸아요
아가의 숨소리 들으며
꽃길을 걷는 할머니도 단잠이지요

산모퉁이 돌아 추부 가는 길
가로등도 힘없이 졸고 있어요.

* 별이 : 엄마가 만들어 준 헝겊인형

아기모델

세상에 태어난 지 백일 되는 날이에요
오늘은 앉지도 못하는 제가 기념촬영해요
사진관 언니가 딸랑이 흔들면 저는 방긋 방긋 웃어요
무지갯빛 꽃들 속에서 인형처럼 가만히 있어요
구경하는 엄마 아빠 할머니
너무 귀여워 어쩔 줄 모르세요
요번에는 엎드려서 턱을 괴고 배시시 웃어요
소파에 일곱 마리 아기 곰 친구들과 우정의 손 잡아요
찰칵찰칵 셔터 소리가 짜증나지 않고 좋아요
여러 가지 옷을 갈아입는데 울지 않는 것은
아마 저에게 예능의 끼가 넘치나 봐요.

* 수인이 : 외손녀, 백일사진 찍는 날

어부바

포대기에 폭 싸여
얼굴 내밀고
좋아서 꾀꼬리 소리
'숲속에는 누가 숨었지'
'어흥 나야 나 호랑이야'
까르르 웃으며 발 구른다
어느새
포근한 등에서 쌔근쌔근
꿈속에서
할미꽃 보았나 싱긋 웃는다.

윤수현

딱 옛날 어른들 말이 맞아 입으로 자꾸 시인하면 결국에는 이루어진다는 말, 나를 두고 한 말이었어. 긴 세월 정말 염원했었어, 정말 부러웠고, 하고 싶었어. 겉으론 여유를 부렸지만 참 속상했었어, 오매불망 34년 만에 소원 성취했어, '싹뚝' 탯줄 자르는 손이 떨렸어 순간 고추에서 찍 물총을 쏘네, 감사하고 감사했어, 엄마를 닮으면 어쩌나 노심초사했는데 장하고 대견스럽게 계집아이 다음에 사내아이니 이처럼 경사스러운 일도 있네, 마음을 다해 기도하며 살다보니 좋은 일이 '빵, 빵' 터지네, 이년 후에 꼭 하고 싶은 일이 있어 매미가 울어대는 무더운 한여름 하얀 러닝에 흰 고무신 신겨서 자랑스럽게 데리고 나갈 거야 아장자장 발걸음 뗄 때마다 이쁜 고추가 보일 듯 말 듯.

* 2011년 5월 4일 오후 7시 55분 외손자 태어나다.

눈물이 나

나란히 누워
발가락을 쭉
바라보니 웃음이 넘쳐요
지나간 시간들 필름처럼
추억의 물방울
톡톡 터질 때마다
환호와 박수

닮은 발가락들 사이
손녀의 작은 발
행복이 꼬물꼬물 피어나요.

당진 터미널

사랑하는 사람
헤어지기 위해 버스를 기다립니다

꼭 잡은 손 놓고 싶지 않지만
소중한 사랑 안녕을 합니다

보고 있어도 보고 싶은
살아가는 이유가 되어버린 내 사랑
대합실 찬바람이 가슴을 뚫고 지나갑니다

사랑
한그루 꽃나무 심으며
안개 같은 몸살을 앓아야 할 것 같습니다.

* 7개월 된 손녀 생각하며

빈껍데기

식은 방
또아리를 틀고
빈속을 바라보고 있다

머리를 집어 넣고 두리번거려도
손을 넣어 휘저어 보아도
잡히는 것도
만져지는 것도 없다
피를 말리는 사랑 앞에
몸은 비틀어지고
심장이 빠져나가도
숨은 쉬고 살아 있어
헛헛한 마음으로
또 하루를 산다.

* 방학이 되어 아기 〔손녀〕와 헤어지다.

내리사랑

예정일을 열흘이나 끌어당겨 이 세상에 태어난 아영공주 꿀풀꽃 향기가 방안에 가득히 번져오는 벅찬 감동이었어요. 기쁨도 잠시, 이틀이 지나고 심한 고열로 40도 열꽃이 피면서 아이의 작은 몸은 불덩이였어요. 놀란 가슴 다독이며 종합병원 응급실로 갔어요. 입술이 바싹 말랐어요. 각종 검사에 너무 가여워 애간장이 녹아들어요. 아이엄마는 몸조리도 못한 채 아이 걱정에 울고 또 울어서 온몸이 붓기만 해요. 아영엄마와 아영이 바라보면서 할머니의 마음은 천 갈래 만 갈래 찢어져요. 아영엄마 때문에 울 수도 없어요. 오후1시, 오후7시 면회시간만 기다릴 뿐 서로 말이 없어요. 침묵만이 온 집안에 무겁게 내려앉았어요. 다행히 아영이가 잘 먹고 견디는 모습을 보니 얼마나 고마운지 정말 장하고 장했어요.

그렇게 열흘이 지난 날, 의사선생님 "아기가 정상입니다 퇴원하세요." 그 말을 듣는 순간 할머니의 미역빛 슬픔은 사라지고 언제라도 아영이가 더 넓게 더 높게 날 수 있도록 가을 하늘같은 사랑 뜨겁게 주고 싶어요.

제6부

진리의 빛

진리의 빛

칠흑 같은 어둠 속에서
눈물보다 강렬한 소금 같은 빛
내게 머물러 꽃으로 피어난다

생명의 언덕에서
살아있음에 몸부림의 춤사위
내게 있기 때문이다

소경이 눈을 뜨고
눈이 부셔 볼 수 없는 은총의 빛
감사함에 겸허히 눈물꽃 된다.

* 신약, 구약 〔성경통독〕 하늘양식을 마치면서

눈물의 기도

아시잖아요
하얀 도화지처럼 영혼이 순수하시고
주머니에 채울 욕심도 없는
숲속의 샘물처럼 맑은 사람이라는 것을

믿는 자에게는 결코 능치 못함이 없다고 하셨습니다
여기 한사랑 성도들의 애타는 기도의 사연 있습니다
목회자의 긴 여정이 멀기만 하건만
어찌 무서운 병마와 어두운 터널에서 지내야 하는지
안될 일입니다
12년 전 사모님의 간 이식으로 생명의 꽃을 피우셨는데
다시 악화되어
모두가 슬픈 마음으로 고개 숙이고 있습니다
오히려 목사님은
힘드신 몸으로 성도들을 위해 참고 견디며
하나님의 눈과 마음이 있는 곳 성전에서
강한 눈빛 반짝이며
향기 나는 말씀으로 어둠을 밝혀주십니다
우리 성도들의 단합된 기도가 용기가 되어
성령의 힘으로 툭툭 털고 일어나셔서

확실하고 분명한 날카로운 카리스마
그 모습에 평온한 미소가 언제까지나 충만하시기를
무릎 꿇고 하나님께 간절히 기도드립니다.

* 2011.6.26 이후로 목사님을 위해 성도들의 기도는 진행되고 있다.

조용한 외침

야위어 가는
작은 풀잎 하나

속울음 삭이며
가슴 조여 오는 아픔
조금씩 덜어내며

한 줄기 햇살
감사함에 `
생명의 끈 움켜잡고

초록 잎 하나
소리 없는 절규가
세상을 향해
질기디 질긴 뿌리 내린다.

장태산 기도원에서

굽이굽이 산길을 돌아
주님께 가까이 다가섭니다

첫사랑처럼 두려움, 설레임 요동치지만
순종하는 마음을 드립니다

심신이 연약하고 부족한 딸
마중물 쏟아 부어 품으십니다

간절한 목소리로 울부짖을 때
성령의 불이 역사합니다

자석에 끌리듯 두 팔은 허공을 향하고
입술을 열어 '아버지 잘못했습니다 잘못했습니다'

뚜렷한 구원의 확신 앞에
영과 혼과 육의 허물을 벗고 일어섭니다.

여호와 하나님

영성훈련 받으며
진리를 조금씩 깨달아 갈 때
걸음마 하는 아기처럼
기쁨이 충만하지요

답답했던 내 영혼
존귀한 주님의 말씀
은혜 넘치며
영광스런 찬양을 하지요

봄 햇살 같은
여호와 하나님
거룩하심 앞에서
마음의 눈이 멀어지지 않고
흠 없이
하얀 신부로 일어설 수 있지요.

더 가까이

아기가
무작정 달려와
엄마 품에 몸을 맡기듯
어미거위가
몇날 며칠
식음을 뒤로 하고
알을 품듯이

당신이
기뻐하는 일이라면
다니엘처럼
큰사랑 보여주는
그 길을 따라
섬기고 섬기며
기쁨의 눈물이 되어
당신 가슴에
뿌리를 내리겠어요.

그녀를 우러러 봅니다

옆에 있어도 그리운 사람
눈을 감아도 사랑하고 싶은 사람
언제나 정직한 기도로
하루라는 꽃에게 생명의 물을 주는 사람
주님 앞에서는
순종과 헌신으로 사는 사람
감사와 찬양으로
이웃들에게 말씀을 전하고
전도하며 영광을 돌리는 귀한 사람
용서 받기 위해
굳셈과 용기를 주십사 기도해 주는 사람
나의 창고와 호주머니가 텅 빈 때에도
하늘 창고를 우러러 보게 해주는 보석 같은 사람.

* 김 집사 당신이 곁에 있어 항상 맑음입니다.

끝날

— 송구영신 예배

일출을
볼 수 있는 바다도 아니고
높은 산도 아닙니다

포근한 아버지의 집
한 해를 보내며
평온한 마음 감사한 마음

영상 속에서
뜨겁게 떠오르는 해를 보며
아버지의 사랑을 봅니다

새해에는
설레는 맘으로 기쁨의 날개를
노력을 다하여 큰 결실을
행복의 주머니에 가득 담으렵니다.

하얀 숲

하얀 겨울을 걸어가면
시나브로 따라오는
당신의 핏자국
무엇이 그리 안쓰러워 애가 타실까

죄를 용서하고 덮어주는 것도 모자라
가슴 조이며 바라만 보시네
그 사랑 안다고 입술만 움직일 뿐
햇빛 같은 기쁨 드린 적 있었는지

하얀 숲에
나를 널어놓고
온전한 고해성사
당신에게 더 가까이 갈 수 있을까

세속에 안주하지 않고
거친 바람에도 흔들리지 않는
나의 발걸음
당신에게 향하게 하시네.

구속

누군가를 위해서면
달콤할 것 같아요
짜릿도 하구요
진심으로
원하고 있어요
가끔은
먹구름도 몰려오겠지요
그래도
가슴 뛰는 마음으로
흠뻑 빠지겠어요
생명의 불길이 식을 때까지요.

별처럼 쏟아지는 은혜의 눈물

차마
님의 모습
볼 수 없어 고개 숙입니다

님은
긴 시간 심해 속에서
하얀 가슴 열어 간절하게
바람과 햇볕을 그리워했습니다

숨조차 쉴 수 없는 고통 속에서
눈이 부신 응답의 빛
영혼에 내리어
은혜의 꽃으로 다시 피어났습니다

말라버린 입술 떨리는 목소리
그럼에도
젖은 눈동자에는
온통 성도들의 얼굴로 가득 차있습니다
"모두들 감사해요 목소리가 안 나와요"

별처럼 쏟아지는 감사의 눈물
성전 안에는
성도들의 소망의 꽃이 활짝 웃고 있습니다.

* 목사님 11월 9일 간이식 수술 〔17시간〕

나만의 사랑

당신 만나러 가는 곳
아무도 몰랐으면 좋겠어요

당신이 나만 바라볼 수 있게
욕심 부리고 싶어요

얄밉게 나밖에 모르는 나를
투명한 기도로
사랑해 주어 감사해요

좀더 일찍 당신 만났으면
변덕부리는 사랑은 없었을 걸
뒤늦은 후회라도

심지가 깊은 당신
포근한 가슴에 안기니
주님 행복해요.

작품평설

아름다운 상상력으로 만들어낸 사랑의 노래

— 문희순 시집 '하얀 숲'을 읽고

文 熙 鳳

(시인·대전문인협회 회장)

1.

시는 자기 목소리가 있어야 하고 개성이 뚜렷할 때 살아남는다. 감동적인 시는 생의 깊숙한 곳에서 길어 올린다. 그 감동은 어디서 오는가. 그것은 바로 상상력이다.

시란 삶 속에서 유효하게 가동되는 진실을, 별것일 수 없는 일상의 단면을 온 것으로 담아내는 것이어서 우리가 미처 돌보지 못한 것들이거나 사소해서 지나쳐버리는 것들을 온전하게 보듬어 간직해야 한다. 이때 '상상력' 발휘의 필요성이 대두된다.

상상력은 인간만이 지닌 독특한 힘이다. 꿀벌이 아무리 정교하게 자신들의 집을 짓는다 해도 가장 서투른 목수에게조차 미치지 못한다. 꿀벌에게는 상상력이 없기 때문이다. 목수는 개집을 짓는다 해도 그 개집을 먼저 머릿속에 그려본다. 지붕은 어떤 모양으로, 문은 또 어떤 모양으로 만들 것인지, 전체는 또 어떤 색으로 칠할 것인지를 미리 그려봄으로써 자신의 작업을 시작한다. 노동의 과정에서도 그 상상력은 끊임없이 작동한다. 끊임없이 목수는 자신의 머리 속에 그려진 집과 조응시켜 나가면서 실제의 개집을 만드는 것이다.

문 시인의 네 번째 시집 '하얀 숲'은 시적 화자와 통일된 일체를 지향하면서 자신만의 개성적인 상상력으로 축조한 견고한 집이다. 다양하게 펼쳐지는 개별 의식을 통해 시인 자신의 존재 근거이자 궁극적 귀의처가 되는 일종의 상상력에 대한 근원을 완성한다. 이순의 나이에 접어들어 삶의 깊은 체험이 주제와 언어 속에 드러나고 작품을 쓰는 태도가 진지하며 표현도 힘차다. 세세한 일상의 순간적 현상들 속에 숨은 세상의 이치, 자신의 인식을 촌철살인으로 설계하여 만든 튼튼한 집이다.

2.

문희순 시인의 시에서는 삶의 풍경과 굴곡을 읽어내는 투명한 시선이 강하게 나타난다. 고귀한 단순성이라고 쉽게 얻어지는 것은 아니다. 그것은 많은 것을 거르고 자르고 일어서 어렵사리 얻은 귀한 품성이다. 뛰어난 사생능력은 많은 조탁과 훈련의 산물이다. 이 단순성은 호소력이 그만큼 복잡한 오늘의 삶을 두루 휘어잡을 수가 없다는 사실에 주목하면서도 개성적인 시를 쓰고 있는 것이다.

두 팔 벌리고
죽은 듯
누워있으면
방바닥이 껌처럼 달라붙는다

고요는
혼미한 듯
소름으로 덮고

오장육부
빠져나간 듯
빨래 조각처럼 가볍다

거짓말처럼
숨소리
어둠이 삼켜버렸다

—「침묵 그리고 고요」 전문

문 시인은 그 단순성을 기본으로 고요의 사색을 즐긴다. 시인의 마음은 하얀 도화지다. 하얀 도화지는 마음이다. 깊은 깨달음이다. 서정의 극치다. 누구나 즐기는 사색이 아니다. 누구도 감히 흉내낼 수 없는 고요의 사색이다. 그러한 사색의 철탑을 완전히 정복하기 위하여 문 시인은 오늘도 고된 훈련을 거듭하고 있는 것이다.

기도가 하늘 문 여는 날
울퉁불퉁한 세월의 굴레

엄살도 없이
황혼의 미소 앞에
사랑을 걸어놓는다.

—「마침표를 위하여」 일부

찬란한 마침표를 위해 사랑의 샘물이 마르지 않게 잘 관리하고 있다. 그러니 행복이 고이고, 또 고인다. 얼음장 밑을 기어 나온 침묵들의 외침을 듣는다. 자신만의 자유시간이 허여되기에 거기에서 아주 진한 행복을 느낀다. 그러한 행복을 느끼는데 약간의 어려움이 있다는 사실도 익히 알고 있다. 그렇다고 포기하고 좌절한다면 그 행복은 자신의 것이 아니라는 사실도 알고 있다.

여기저기
부서진 마음이
헝클어진 시간을
꾹꾹 눌러 접고 살았구나

밤새
외로움 안고
아픔 묻어 놓은 그리움은
소리 없이
비 내리는 새벽으로 가고 있구나

—「천둥 치고 비가 오는 날은」 일부

천둥 치고 비가 온다. 그런 날도 있다는 것을 누군들 모르랴마는 그걸 일깨워 주는데 인색하지 않는다. 무지몽매한 인간을 위해 깨우침을 주고 있다는 사실을 오래전부터 익히 알고 있다. 문 시인의 시 속에는 빨래도 헹구며 그 물에 빨간 단풍잎 하나 떨어뜨리는 여유가 살고 있다. 고드름을 보고도 그에 얽힌 추억들을 건져 올리는 상상력을 발휘한다. 어찌 고드름 속에 머슴애들 웃음소리만 살고 있을까. 문 시인의 가슴은 그런 웃음 외의 다른 소리까지도 모두 살게 하는 포용력을 지니고 있다는 사실에 주목한다.

3.

시들이 자연과의 교제에 성공하고 있다. 문 시인의 시들은 서정으로 조각된 한 뭉치의 소포와 같다. 그 소포 속엔 사랑, 베풂, 존경이 싹트고 있다. 친구를, 고향을, 계절을 예찬하고 있다. 거기다가 또 포함할 수 있는 것이 있다. "남을 용서하는 것은 곧 나를 키우는 일이다."라는 것이다. 그렇게 살다 보니 사랑이 저절로 찾아와 가슴에 안긴다는 사실을 일찍이 간파하고 있다.

부끄러운 듯 스치는 는개
입 다문 자목련
큰 연못 지나 돌아서보면
천리포 앞바다의 우렁찬 포효
'칼 밀러' 그대는 이곳에 반하여
한국을 조국처럼 사랑했습니다

무궁화, 호랑가시나무 으뜸으로
식물사랑에 열정을 바친 한국인 '민병갈'
나무마다 꽃마다 이름표 달고
단정한 모습으로 그대를 기립니다

— 「천리포 수목원」 일부

자연을 노래하는 것이 그냥 보통의 노래가 아니다. 한 폭의 풍경화를 보는 듯한 감흥을 일으키게 하는 노래다. 지금 우리는 노래를 잃어가고 있다. 상소리와 독설과 재담의 시는 재미있고 실감나지만 노래는 아니다. 오늘의 도시적인 삶이 제기하는 여러 상황에 괴로워하고 속상해하고 그 아픔의 극복에 관해서 생각하는 시도 많고 그러한 시가 우리에게 호소하는 바도 크다. 그러나 그것은 노래라기보다 토막생각이나 사고의 비명인 경우가 많다. 외마디 아픔의 비명은 노래로 이어지지 않는 법이다.

우리가 살고 있는 시대는 이렇게 노래를 잃어가고 또 고향을 잃어가는 시대이지만 문 시인의 시에서는 잃어버리기 이전의 우리의 고향이 아주 천연덕스럽게 되풀이 노래된다. 그래서 그의 시는 한 시대 우리 고향의 풍물시(風物詩)가 되어 준다.

눈뜨면
하늘높이 달리는 물가
우린 잡지도 못하고 손 놓고 있어

서럽게 우는 얼굴들이 밤을 지새우는데
이 어려움이 산이라면
봄이 오기 전에
따뜻한 마음들이 햇빛처럼 웃었으면 해
—「봄을 기다리는 편지」 일부

어떤 것을 보아도 그냥 지나치지 않는다. 스케치한다. 몸을 기다리는 편지는 그냥 편지가 아니라 서정으로 조각된 한 뭉치의 소포가 된다. 시를 창작하기 위해선 경험의 발효과정이 절대적으로 필요하다. 눈물로 삭이고 아픔으로 갈무리 지어 단단히 동여매 둔 문 시인의 시어들이 발효과정을 거쳐 슬금슬금 기어나와 서정의 운해를 이룬다.

눈을 감아도
그려지는 검은 전쟁
불에 탄 흔적
여림 뒤에
알 수 없는 힘이 보인다

미술관 밖은
평화의 맑은 봄바람이 인다
부르카 걸친 아이가
표정 없이
내 뒤를 따라온다.

—「눈 먼 아프간 소녀」 일부

전쟁으로 참혹한 삶을 살고 있는 아프간 소녀에게 쏟는 정이 남다르다. 사랑과 베풂을 반찬으로 내놓는다. 친구 간의 우정도 4~5년 숙성시킨 것이 아니다. 40여 년 지속돼 온 가슴으로 말하는 우정이다.

고향은 언제나 포근하게 다가오는 곳이다. 싱싱한 푸성귀인 신토불이 나물들과 만나는 곳이다. 그곳에는 훈훈한 정이 있다. 그러한 쫀득쫀득한 정들이 문 시인의 시 속에서는 살아 움직이고 있다. 꼬까신 신고 색동옷 입고 이리저리 뛰어다닌다. 독자들은 그 예쁜 모습에 취

해 넋을 잃는다.

우리의 콩
구수한 된장찌개
시래기와 두부 어우러져
바글바글 끓어오르고
싱싱한 푸성귀 신토불이 나물
입맛을 당기며
훈훈한 정(情) 넘치고 있다

폐교를 눈앞에 둔
초등학교 운동장
철봉대 그네 시소
꿈과 추억을 만들어준 플라타너스
안타까운 마음
아이들 웃음소리 주워 담고 있다

—「고향에서 머무는 바람」 일부

지난날 우리의 고향을 한 마디로 말하면 지독한 가난이었다. 오늘에 있어서도 가난이 완전히 해결된 것은 아니다. 그러나 값싼 입성의 보급은 바깥 추위를 견딜 수 없게 했다. 먹새는 창자를 곯고 맨살을 두둑히 감싸지 못하는 지극히 궁상맞은 가난이었다. 그렇지만 문 시인의 시는 이렇게 가난한 고향 사람들의 설움이 아니라 희망을 노래한다. 그가 아니었다면 간결하면서도 절절한 목소리를 찾지 못했을 많은 사람들의 설움과 노여움과 정한에 목청을 틔워 주었다는 점에서 문 시인의 개성이 있다.

문 시인은 자신이 사는 곳에 대한 애착이 대단하다.

그 마을의 특징이 한 편의 시로 탄생된다. 소박하고 정겨운 마을이다. 정을 나누고 사랑을 나누는 곳이다. 그곳에서 사랑을 빼면 이웃과의 정도 소원해진다.

늠름한 모습의 연아(휘겨 스케이팅 선수 김연아)를 보며 위대한 대한민국을 생각한다. 그게 바로 애국이 아닐까. 마을에서 사회로, 사회에서 국가로의 점층적 접근이 또한 문 시인 시의 특징이다.

4.

가난하고 힘 없는 사람들의 생활의 세목과 생활감정의 무늬를 진술하고 경제적으로 처리하여 보여줌으로써 기존의 시들을 부분적으로 추문화시킨다. 언어가 맑고 신선하다. 사물을 접하는 감각도 날카롭다.

인정이 샘물 솟듯 한다. 이웃 노파도, 친구도, 손자손녀의 재롱도 예사로 보지 않는다. 볼 때마다 의미를 부여하여 표출한다. 친구 어머니는 바로 내 어머니다. 어머니에 대한 효를 생각하는 효심이 너른 호수에서 춤을 추고 있다.

문 시인의 마음은 여리다. 동화다운 시선으로 어린 생명의 재잘거림을 본다. 그걸 바라보는 사람의 기쁨을 '파란마음 하늘을 나는 것'으로 생각하는 시인이다. 어린 생명을 보며 환희의 우물에 침잠하는 기쁨을 누린다. 어린 생명으로 하여 옛 추억까지 건져 올리는 행운을 누린다.

봉사, 존경, 베풂의 숨은 의미를 재조명한다. 거기에서 희열을 맛보는 여유를 누린다. 어느 곳을 가든 그냥 보아 넘기지 못하는 시인의 자상함은 대단한 가치를 지닌다.

칼바람에 몸을 맡긴 여인들
두 번 다시 이별은 없을 거라
환희의 눈물
눈꽃처럼 하얀 마음
볼이 시리게 눈송이 날리면
둘은 하나가 되어
작은 행복의 꽃을
여자가 뛰어가면 남자도 따라 뛰어가고
모래밭에 넘어지며
달콤한 입맞춤
여인들은
두 팔 벌리고 누워 하늘을 본다.
영화는 END

—「안섬 포구」 일부

겨울바다의 서정이 영화 속의 한 장면으로 되살아난다. 독자는 그 장면을 통하여 사랑을 체득한다. 풍성하고 아름다운 가을 속의 서정을 읽으면서 희열을 느낀다. 예쁘고 아름다운 그림들이 행복을 선사한다. 그러면서 슬픈 노래는 부르지 말자고 제안한다. 인면수심의 더러운 세상을 고발하면서 아름다운 마음으로 기도하고 있는 시인의 모습을 독자들에게 보여준다.

5.

문 시인의 시에 나타난 또 하나의 특징은 진한 서정성이다. 서사적 충동도 이 진한 서정 속에 용해되어 있다.

한 편의 시를 서정적으로 끌고 가는 리듬 구사 능력과 분위기의 통일성에서 시적 역량이 훌륭하고, 대상과 공명하는 부드럽고 여린 감수성 또한 귀하게 다가온다.

일관되게 흐르고 있는 서정성은 편안하다든가 기쁘다든가 하는 감정을 바탕으로 하고 있다. 그것은 개체적인 삶에 대한 충실에서 나온 것이지만 울분과 노여움의 시에서마저 우리는 서정이 울분과 노여움을 감싸고 있음을 보게 된다.

그것은 우리 현대시에서 가장 진실되고 호소적인 목소리가 제 목소리임을 확인하고 자기발견의 즐거움을 느끼게 되는 것이다. 이때 얻어진 맺힘성 있는 단순성은 일종의 고귀한 단순성이다. 이 고귀한 단순성이 문 시인 시의 요체라고 말할 수 있다.

얼굴 손 검버섯
레이저로 지우고
거울 앞에서 환한 미소
혼자 몸
움츠리는 겨울나무 되기 싫어
곱게 꽃 피우는데

비바람, 천둥을 만난 세상에서
독백으로 외로움 삼키며
당당하게
산수(傘壽)의 길
편안과 동행하며
망백(望百)의 강을 품으소서.

—「어머니」 전문

가족 간의 끈끈한 정이 시의 행간마다에 살아 숨쉰다. 나이 드신 어머니에 대한 측은지심을 생각해낸다. 생일날 어머니의 모습을 보며 천사를 생각한다. 어머니는 천사와 등식을 이룬다. 노구를 이끌고 사시는 어머니에 대한 끝없는 향수, 늘 어제처럼만 사실 수 있다면 더없는 행복이겠다고 말한다. 그러면서 오늘도 어머니를 위해 조용한 기도를 올린다. 문 시인의 창백하고도 가녀린 두 손이 지금 순간 떨림을 생성한다. 화장하는 어머니의 모습을 보며 지금처럼 오래도록 살아주시기를 소원한다. 어머니는 언제 보아도 문 시인에게는 하늘 같은 존재다. 그런 삶을 살아오고 있기에 어버이날 자식들에게서 발바닥 지압이라는 선물을 받게 되는 것이다.

당신 오는 길
불 밝히던 날

당신은 어느 하늘에서
눈물 꽃으로
그리움의 별이 되었나요

기도하는
어깨 포근히 감싸며
다독이는 당신의 향기
이 밤
곱디고운 원앙이 되어
허약해진 마음 채워주어요

오늘은
당신이 떠나던 날입니다

— 「그리움의 별」 전문

일찍 세상을 떠난 남편에 대한 그리움이 '그리움의 별'로 나타난다. 그리고 '순둥이들의 첫걸음'을 통하여 작은 딸아이의 결혼 모습을 생생하게 그려낸다. 아버지가 못다 만끽하신 젊음을 작은딸이 이루어주길 소망한다.

추부 가는 길, 차 안에서 문 시인과 손녀의 모습이 정겹게 다가온다. 백일 사진 찍는 모습에서 손자의 무병장수를 기원한다. 아기가 잠을 잔다. 그 모습을 보며 정겨움을 느낀다. 34년 만에 태어난 문 시인 가정의 귀하고도 소중한 남자아이를 보면서 파란 하늘에 안개를 뿌린다. 그런 손자를 보며 오매불망 소원성취를 외치고 있다.

사랑하는 사람
헤어지기 위해 버스를 기다립니다

꼭 잡은 손 놓고 싶지 않지만
소중한 사랑 안녕을 합니다

보고 있어도 보고 싶은
살아가는 이유가 되어버린 내 사랑
대합실 찬바람이 가슴을 뚫고 지나갑니다

사랑
한그루 꽃나무 심으며
안개 같은 몸살을 앓아야 할 것 같습니다.

— 「당진 터미널」 전문

손녀와의 만남, 그리고 헤어짐, 인간사 다 그렇거늘 헤어지는 연습을 오늘 또 해야 한다. 그래서 몸살을 앓고 있는 것이다. '내리사랑'에서 세상은 늘 평탄치만은 않다는 걸 보여준다. 그 어린 것이, 그 어린 것에까지 그런 어려움을 심어주시는 분께 야속한 속내를 내비치기도 하지만 곧 수용하고 만다. 그런 삶도 있다는 것을 알려줘야 한다고 조용히 외친다.

6.

예수님은 수많은 낙담거리와 마주칠 그분의 백성을 잊지 않으신다고 했다. 구름과 어둠 속에서 믿음과 인내와 온유와 사랑이 움터서 꽃망울을 터뜨릴 것이라고 했다. 진정 당신 안에서가 아니면 나눔의 참뜻을 알지 못하는 우리, 당신이 세상에서 모범을 보이신 대로 아낌없이 모든 것 내어주고도 한끝의 후회가 없는 너그럽고 순수한 마음을 달라고 기도하고 있다.

나눔은 언제나 자신을 주는 행위이고, 나의 생각, 나의 말, 나의 미소, 나의 기쁨, 나의 재능, 나의 지식, 그리고 나의 물건과 그 밖의 모든 것을 나누는 것이 바로 내 생명의 일부를 주는 경건한 행위임을 잊지 않게 해달라고 기도하고 있다.

칠흑 같은 어둠속에서
눈물보다 강렬한 소금 같은 빛
내게 머물러 꽃으로 피어난다
생명의 언덕에서
살아있음에 몸부림의 춤사위
내게 있기 때문이다

소경이 눈을 뜨고
눈이 부셔 볼 수 없는 은총의 빛
감사함에 겸허히 눈물 꽃 된다.

— 「진리의 빛」 전문

‘진리의 빛’을 통해 하나님을 향한 한 줄기 빛을 생각한다. 모든 것을 한 줄기 빛에 두고 있다. 그 빛은 문 시인 자신은 물론이고, 어머니, 가족 등 모두에 해당하는 빛이다. 그리고 문 시인이 다니고 있는 교회 목사님의 쾌유를 빌고 있는 신자들의 간절한 염원이 한 편의 시로 직조되어 의미를 더해준다. 남편을 잃은 후 절대자인 하나님과의 관계를 더욱 두터이 하고 있다. 그것이 ‘진리의 빛’으로 대변되어 목소리를 내고 있는 것이다. 순수를 위한 작은 걸음을 걷는다. 그 길음이 행복을 만들어 준다. ‘기도와 내 인생’을 지루하지 않게 아름답게 그려내고 있다. 서로가 서로를 위로하며 살아가는 착한 마음을 갖고 살라 이르고 있다.

하얀 겨울을 걸어가면
시나브로 따라오는
당신의 핏자국
무엇이 그리 안쓰러워 애가 타실까

죄를 용서하고 덮어주는 것도 모자라
가슴 조이며 바라만 보시네
그 사랑 안다고 입술만 움직일 뿐
햇빛 같은 기쁨 드린 적 있었는지

하얀 숲에

나를 널어놓고
온전한 고해성사
당신에게 더 가까이 갈 수 있을까

세속에 안주하지 않고
거친 바람에도 흔들리지 않는
나의 발걸음
당신에게 향하게 하시네.

—「하얀 숲」 전문

흰색은 포용이다. 사랑이다. 희생이고 베풂이다. 하얀 숲에서 시인은 당신을 향해 모든 것을 다 바친다. 서로가 서로를 위로하며 살아가는 착한 마음의 근본은 그 하얀 숲에서 나온다. 하나님과 가까이 할 수 있는 바탕은 하양이다. 흰색은 마음을 맑게 해준다. 그것이 절대자인 당신의 뜻이라면 어떤 어려움도 극복해 낼 수 있다. 견뎌낼 수 있다고 문 시인은 자신 있게 말하고 있다.

당신 만나러 가는 곳
아무도 몰랐으면 좋겠어요

당신이 나만 바라볼 수 있게
욕심 부리고 싶어요

얄밉게 나밖에 모르는 나를
투명한 기도로
사랑해 주어 감사해요

좀 더 일찍 당신 만났으면
변덕부리는 사랑은 없었을 걸

뒤늦은 후회라도

심지가 깊은 당신
포근한 가슴에 안기니
주님 행복해요.

—「나만의 사랑」 전문

당신과의 사랑은 내 삶의 전부요 재산이다. 그러면서 욕심을 부린다. 당신을 만나러 가는 곳, 아무도 몰랐으면 좋겠다고 실토한다. 당신이 나만 바라볼 수 있게 된다면 더 없는 영광이겠노라며 욕심 부리고 싶단다. 심지가 깊은 당신의 포근한 가슴에 안기니 행복감을 느낀다고 말하고 있다.

송구영신, 묵은 해를 보내며 새해를 맞이한다. 당신의 사랑 앞에 무한정 작아지는 자신의 모습, 그래도 행복하다고 느낀다.

당신의 뜻이라면 어떤 어려움도 극복할 수 있다는 의지를 가슴에 품고 살아가고 있다. 당신과의 사랑, 시인 자신의 삶의 전부요 인생의 전부다. 문 시인은 당신을 떠나서는 자신은 영원한 부족함이고 불구자라고 겸손을 떤다.

결론적으로 말하거니와 문 시인의 시는 생동하면서 겸손하고 자연스럽다. 어조와 언술 내용이 무척 생생하다. 자신의 내밀한 직접 체험과 욕망의 상처를 드러내는 상상적 경험을 결합하는 솜씨도 뛰어나다. 모든 시어들의 배열이 상투적이지 않고 발랄하다. 자연스럽게 툭툭 던지는 말 속에 생의 비의가 담겨 있다. 상상력의 전개, 형

상성의 풍부, 언어가 맛깔스럽고 재기에 넘쳐 읽고 또 읽고 싶은 것이다.

앞에서도 언급했지만 한 마디 첨언하자면 나날이 복잡해지고 점점 좁아져가는 세계에서 시의 단순성은 삶의 온 영역을 두루 거머쥘 수 없다는 약점이 있다. 그것을 슬기롭게 이겨내는 지혜를 발휘해 주길 바란다.

후기

아침에 눈을 뜨면
세 살 아기가 되어
말 배우기 놀이에 신이 나고

어느 날은
백일이 지난 아기가 되어
옹알이를 하기도 하지요

구월의 아기로 태어나
심한 고열로 할머니를 기함(氣陷)시키며
병원에 입원했지만
건강한 몸으로 퇴원한 손녀

귀여운 손자 손녀가 있는
할머니의 마음은
날마다 맑아지는 행복
하루하루가 벅찬 감동입니다.

하얀 숲

문희순 시집

발 행 일 | 2012년 1월 5일
지 은 이 | 문희순
발 행 인 | 李憲錫
발 행 처 | 오늘의문학사
출판등록 | 제55호(1993년 6월 23일)

주　　소 | 대전광역시 동구 삼성1동 125-6 한밭오피스텔 401호
전화번호 | (042)624-2980
팩시밀리 | (042)628-2983
홈페이지 | http://www.lito77.co.kr(홈페이지)
전자우편 | hs2980@hanmail.net

공 급 처 | 한국출판협동조합
주문전화 | (070)7119-1741~2
팩시밀리 | (031)944-8234~6

ISBN 978-89-5669-473-3
값 8,000원